BEI GRIN MACHT SICH IHR WISSEN BEZAHLT

AF153224

- Wir veröffentlichen Ihre Hausarbeit, Bachelor- und Masterarbeit

- Ihr eigenes eBook und Buch - weltweit in allen wichtigen Shops

- Verdienen Sie an jedem Verkauf

Jetzt bei www.GRIN.com hochladen und kostenlos publizieren

Implementierung von Internationalisierungsstrategien und Markteintrittsstrategie anhand eines Beispielunternehmens

Bibliografische Information der Deutschen Nationalbibliothek:

Die Deutsche Nationalbibliothek verzeichnet diese Publikation in der Deutschen Nationalbibliografie; detaillierte bibliografische Daten sind im Internet über http://dnb.d-nb.de abrufbar.

ISBN: 9783346927507
Dieses Buch ist auch als E-Book erhältlich.

Druck und Bindung: Books on Demand GmbH, Norderstedt Germany
Gedruckt auf säurefreiem Papier aus verantwortungsvollen Quellen

Das vorliegende Werk wurde sorgfältig erarbeitet. Dennoch übernehmen Autoren und Verlag für die Richtigkeit von Angaben, Hinweisen, Links und Ratschlägen sowie eventuelle Druckfehler keine Haftung.

Das Buch bei GRIN: https://www.grin.com/document/1383223

Einsendeaufgaben

Aufgabennummer:
Alternative A

SRH Fernhochschule

Modul:
Managementlehre

Studiengang:
Psychologie M.Sc.

Inhaltsverzeichnis

1. Internationalisierung   3

    1.1. Internationalisierungsstrategien   3

       1.1.1. Definition   3

       1.1.2. Globale Strategie   3

       1.1.3. Internationale Strategie   5

       1.1.4. Multinationale Strategie   6

       1.1.5. Transnationale Strategie   7

    1.2. Internationalisierung eines Beispielunternehmens   8

       1.2.1. Das Unternehmen Montagna Cycle   8

       1.2.2. Handlungsempfehlung   9

2. Implementierung von Internationalisierungsstrategien   11

    2.1. Marktauswahl   11

    2.2. Markteintrittsstrategie   12

       2.2.1. Auswahl der Markteintrittsstrategie   12

       2.2.2. Direkter & indirekter Export   12

       2.2.3. Lizenzen & Franchising   13

       2.2.4. Joint Ventures & Direktinvestitionen   14

    2.3. Handlungsempfehlung für Montagna Cycle   16

Literaturverzeichnis   18

1. Internationalisierung

1.1. Internationalisierungsstrategien

1.1.1. Definition

Wollen sich Unternehmen vergrößern und zusätzlich auf ausländische Märkte ausweiten, so wird von Internationalisierung geredet. Das bedeutet für ein Unternehmen Geschäftsaktivitäten im Ausland z.B. durch den Export von Technologien, Erzeugnissen sowie Wissen oder in Form von Direktinvestitionen im Vertrieb und Fertigungsbereich (Weber & Kabst, 2000). Um langfristig erfolgreiche Geschäftsmöglichkeiten im Ausland zu etablieren, benötigen Unternehmen eine passende Strategie (Sternad, Höfferer & Haber, 2020). Eine solche Internationalisierungsstrategie beinhaltet die Festlegung der grundlegenden langfristigen Unternehmensziele und Anpassung der für die Verwirklichung dieser Ziele notwendigen Vorgehensweisen und Ressourcen (Chandler, 1962).

Diese Internationalisierungsstrategien lassen sich anhand von zwei Faktoren unterscheiden: Die Koordination der Wertschöpfungsaktivitäten und Konfiguration der Wertschöpfungskette (Johnson, Scholes & Whittington, 2008). Dies wird auch als Global-Lokales-Dilemma bezeichnet. Konfiguration beschreibt dabei das Ausmaß, in dem Produkte und Dienstleistungen an ausländische Märkte bzw. lokale Bedürfnisse angepasst werden müssen, um Absatz zu finden. Gleichzeitig müssen diese aber möglichst weltweit standardisiert werden, um Kosten zu senken, was unter den Begriff der Koordination fällt (Johnson, Scholes & Whittington, 2008). Je nachdem welche Anpassungen für das jeweilige Unternehmen nötig sind, d.h. welcher Druck besteht die Produkte oder Dienstleistungen standardisieren bzw. lokal abstimmen zu müssen, ergeben sich die folgenden vier Strategien: Globale, Internationale, Multinationale und Transnationale Strategie. In den kommenden Kapiteln werden alle vier Strategien näher beleuchtet und bezüglich folgender Kategorien eingeordnet: Koordination, Konfiguration, erforderliche Kernkompetenzen, Chancen und Risiken.

1.1.2. Globale Strategie

Benötigt der Vertrieb eines Produkts bzw. einer Dienstleistung nur geringe Anpassung an lokale Bedürfnisse dafür aber ein hohes Maß an Koordination, so empfiehlt sich die globale Strategie der Internationalisierung. Durch eine

4

Standardisierung und Kumulation von Produktentwicklung, Marketing sowie Verwaltungstätigkeiten wie Buchhaltung, Human-Ressources-Management usw. können auf Basis von Skalen- und Lerneffekten Kosten gespart werden (Schwarz, 2009). Außerdem können hierbei internationale Wertschöpfungsnetze optimal ausgenutzt werden, indem diese standardisierten Aktivitäten an Orten angesiedelt werden, die spezifische Standortvorteile für die jeweiligen Aktivitäten bieten. Beispielsweise sind verschiedene Länder unterschiedlich stark geeignet, wenn es um technisches Know-How, kreative Stärken, Fertigungs- und Technologiekapazitäten oder kostengünstige und qualifizierte Arbeitskräfte geht (Johnson, Scholes & Whittington, 2008). Als Beispiel führen Johnson, Scholes und Whittington (2008) General Motors an. Diese Company hat zwar ihren Firmensitz in Detroit, den Pontiac Le Mans jedoch bei der deutschen Tochtergesellschaft Opel entwickeln lassen, die über ein hohes Maß an technischem Know-how verfügt; die Werbung wurde von einer britischen Agentur entwickelt; die Fahrzeugkomponenten in Japan hergestellt, das über hochentwickelte Fertigungs- und Technologiekapazitäten verfügt und das Auto wurde in Südkorea zusammengebaut, wo kostengünstige aber qualifizierte Arbeitskräfte zur Verfügung standen. Globale Strategien empfehlen sich somit für Branchen, in denen ein starker Preiswettbewerb herrscht und gleichzeitig von geringen lokalen Bedürfnisunterschieden ausgegangen werden kann, wie dies auch bei Unterhaltungselektronik der Fall ist (Bartlett & Ghoshal, 1989). Somit bilden global-strategisch agierende Unternehmen eine zentralisierte Knotenpunkt-Struktur, was bedeutet, dass die ausländischen Tochtergesellschaften lediglich als Lieferkanäle dienen und nur über operative Entscheidungsbefugnisse verfügen, wobei alle Entscheidungskompetenzen weiterhin bei der Zentrale liegen (Bartlett & Ghoshal, 1989; Schwarz, 2009).

Zusammenfassend bietet diese Strategie zwar Vorteile, insbesondere durch Skaleneffekte und die Möglichkeit, Produkte in weltweit vergleichbarer und hoher Qualität mit deutlich mehr Gewinn anbieten zu können. Marketing- und Produktstandardisierung weisen jedoch nur ein hohes Potenzial an Kostendegression auf, wenn ein Unternehmen in möglichst vielen Ländern seine Produkte absetzen kann (Holtbrügge & Welge, 2015).

Den Nachteilen sollte somit ebenfalls Beachtung geschenkt werden. Die Fähigkeit zur Standardisierung von Leistungsangeboten und zur effizienten Koordinierung internationaler Leistungserstellungsprozesse in Verbindung mit einer Konzentration auf Kostenminimierung sind erforderliche Kernkompetenzen von Unternehmen, die sich für diese Strategie entschieden haben. Diese Standardisierung birgt jedoch das Risiko, zum einen durch das Ignorieren lokaler Ansprüche Leistungen anzubieten, die die dortigen Kunden nicht wollen und zum anderen durch die Schaffung eines globalen

Marktes den Markteintritt für Wettbewerber zu erleichtern (Bartlett & Ghoshal, 1989). Außerdem ist eine gewisse Inflexibilität und Trägheit des Gesamtunternehmens eine Folge des hohen Koordinations- und Standardisierungslevels. Diese Trägheit kann wiederum dazu führen, dass es durch zentrale und langwierige Entscheidungen zu Motivationsverlust lokaler Mitarbeitenden kommt sowie zu steigenden Koordinationskosten durch Ausweitung von Berichtssystemen. Das Ausmaß dieser Inflexibilität steigt mit der Größe des Unternehmens sowie dem Standardisierungsgrad und wird beeinflusst von der internationalen Verteilung der Wertschöpfungsaktivitäten.

1.1.3. Internationale Strategie

Ist sowohl Konfiguration als auch Koordination kaum erforderlich, dann bietet sich die internationale Strategie zur Unternehmensexpansion an, welche auch als Exportstrategie bezeichnet wird. Die internationale Strategie empfiehlt sich also für Branchen, in denen weder ein starker Preiswettbewerb herrscht, noch dabei auf lokale Bedürfnisunterschiede eingegangen werden muss. Bartlett und Ghoshal (1989) führen hier als Beispiele Bulkware wie Baumaterialien, Zement und Ähnliches auf. Das jeweilige Unternehmen muss also die Kompetenz besitzen, weltweit begehrte Leistungen anbieten zu können, die keiner Anpassung benötigen und dabei noch günstig auf dem Heimatmarkt produziert werden können. Ein bekanntes Beispiel ist aber auch das Unternehmen Google (Swoboda, 2012). Dieses prüft die neuentwickelten Innovationen zuerst auf dem US-Heimatmarkt. Nach erfolgreichem Test werden die Produkte bzw. Leistungen in ausländische Märkte exportiert. Google verfügt nämlich über ein einzigartiges Geschäftsmodell mit hohem Widererkennungswert, einem starken Markennamen sowie einer hohen Schöpferkraft im Heimatmarkt, sodass es seine Produkte auch in ausländischen Märkten ohne größere Anpassungen an lokale Bedürfnisse anbieten kann. Wird die internationale Strategie verfolgt, sind die ausländischen Niederlassungen an die Zentrale angebunden, welche zentralisierte Entscheidungen trifft und eine formal-administrative Kontrolle auf die Niederlassungen ausübt. Strategien und Wissen werden von der Zentrale übernommen. Dies wird auch als koordinierte Föderation bezeichnet (Bartlett & Ghoshal, 1989). Dadurch wird vermieden, dass Redundanz entsteht, was effizienz-steigernd wirkt. Die Verantwortung liegt größtenteils bei der Zentrale während die Niederlassungen als Vertriebsposten fungieren, weshalb die Standortanzahl nicht hoch sein muss (Holtbrügge & Welge, 2015).

Bezüglich der Vorteile zeichnet sich eine internationale Strategie somit durch geringe Komplexität und Zeitersparnis aus. Da die Leistungserstellung nicht zwischen Ländern koordiniert werden muss, sondern hauptsächlich im Heimatmarkt erfolgt, bedarf es nur wenig Kapital für die Umsetzung einer internationalen Expansion. Produktionsprozesse sowie Mitarbeitende können besser geprüft und im Notfall kann schneller eingegriffen werden. Des Weiteren erleichtert sich die Kommunikation aufgrund der fehlenden Sprachbarrieren. Zusätzlich verbessert die Zentralisierung den Wissenstransfer, da Forschung und Entwicklung innerhalb derselben Grenzen liegen. Durch die hohe Zentralisierung kommt es folglich zu Kostenersparnissen, die einen Wettbewerbsvorteil bedeuten können (Kutschker & Schmid, 2011).

Zugleich birgt diese Strategie aber das Risiko, dass das Unternehmen durch den Verzicht auf die Anpassung an lokale Märkte Marktchancen sowie Kostenvorteile nicht nutzen kann, die sich durch inter-nationale Verteilung der Wertschöpfungsaktivitäten ergeben hätten (Berndt, Altobelli & Sander, 2020). Am Beispiel von Google zeigt sich, dass diese Strategie zwar für die meisten Länder und Kontinente funktioniert, jedoch im asiatischen Markt aufgrund der zu hohen lokalen Unterschiede im Vergleich zum US-Heimatmarkt nur geringe Akzeptanz findet (Swoboda, 2012).

1.1.4. Multinationale Strategie

Herrscht bei einem Produkt oder einer Dienstleistung vor allem die Notwendigkeit, dieses an die jeweiligen lokalen Bedürfnisse anzupassen, ohne dass eine Zentralisierung des Unternehmens nötig wird, so empfiehlt sich die multinationale Strategie (Bartlett & Ghoshal, 1989). Insbesondere Unternehmen in der Lebensmittel- und Konsumgüterindustrie wie McDonalds verwenden diese Strategie, da bspw. die Esskultur stark von traditionellen Werten oder der vorherrschenden Religion des jeweiligen Landes abhängig ist (Kutschker & Schmid, 2011). Multinational agierende Unternehmen charakterisieren sich hauptsächlich durch eine Muttergesellschaft im Heimatland und mehrere eigenständig produzierende Niederlassungen, die mit einheimischen Führungskräften besetzt werden und unabhängig voneinander selbst definierte Ziele an ihren jeweiligen Standorten verfolgen (Dunning, Lundan & Macharzina, 2009). Dabei handelt es sich um ein dezentralisiertes Führungskonzept, welches zu einer hohen Standortanzahl führen kann (Bartlett & Ghoshal, 1989). Zwischen dem Mutterkonzern und den Niederlassungen finden hauptsächlich nur Finanzströme statt. Durch die Eigenständigkeit der einzelnen Niederlassungen kann äußerst effizient und dynamisch gearbeitet werden, da die Entscheidungsmacht im jeweiligen Unternehmen liegt. Die dortigen einheimischen Führungskräfte und Beschäftigten sind optimaler Weise mit dem gegebenen Markt und den Vorlieben der lokalen Kundschaft, sowie den standortspezifischen Rechtsformen vertraut (Holtbrügge & Welge, 2015). Ein signifikantes Gespür für die spezifischen Wünsche der Kundschaft ist eine notwendige Kernkompetenz für multinationale Unternehmen, sodass eine maximal erreichbare Ausschöpfung des Marktpotenzial erfolgen kann. Eine gezielte Verlagerung der Produktion und Forschung hin zu den jeweiligen Standorten ermöglicht zudem das Restriktionsrisiko durch Zölle und Handelsbarrieren zu umgehen.

Allerdings kann es bei der multinationalen Strategie durch die geringen Synergieeffekte zwischen den einzelnen Niederlassungen zu großen Redundanzen bei der Produktherstellung und dadurch zu hohen Komplexitäts- bzw. Produktionskosten für die Realisierung der internationalen Ausweitung kommen. (Harzing, 1999; Kutschker & Schmid, 2011). Des Weiteren können die lokalen Anpassungen zu einer zunehmenden Diversifizierung des gesamten Unternehmensportfolios führen, wodurch Marke und Ruf des Unternehmens beeinflusst werden, wenn nationale Praktiken zu heterogen und vielfältig werden (Bartlett & Ghoshal, 1989).

1.1.5. Transnationale Strategie

Bei einer transnationalen Strategie versuchen Unternehmen in einem äußerst dynamischen Konzept, sowohl ein hohes Maß an internationaler Standardisierung als auch eine hohe Anpassung an lokale Bedürfnisse zu erreichen. Hierbei wird eine weltweit verteilte und zugleich flexibel steuerbare Unternehmens- und Produktionsstruktur erwartet (Steger & Kummer, 2002). Unternehmen, die diese Strategie verfolgen, setzen auf Produktionsnetzwerke und bauen umfassende Aktivitäten auf ausländischen Märkten auf. Die Verantwortung für Entscheidungen, die Produktion und den Vertrieb wird gleichmäßig auf die einzelnen Niederlassungen in den verschiedenen ausländischen Zielmärkten verteilt, wodurch eigenständige Forschungs-, Entwicklungs- und Marketingabteilungen entstehen, die auf die lokalen Anforderungen der jeweiligen Verbraucher ausgerichtet werden (Hirsch-Kreinsen, 1997). Bei der transnationalen Strategie sollen Prozesse wie die Lern- und Skaleneffekte mit globaler Effizienz und einer zeitnahen Adaptivität verknüpft werden. Dabei wird den ausländischen Niederlassungen mittels spezieller Fähigkeiten und Aufgaben eigenständiges Handeln ermöglicht (Bartlett & Ghoshal, 1989). So sollen lokal angepasste Versionen des Produkts auf Grundlage eines weltweit standardisierten Kernprodukts etabliert werden können.

Diese Modularisierung ist die Kernkompetenz transnationaler Unternehmen, welche die Chance bietet, große Marktpotentiale mit nur geringfügigem Aufwand durch gekonnte Konfiguration der Produkte zu erreichen und die Kosten dabei gering zu halten. Die einzelnen Niederlassungen sind hierbei auf allen Ebenen gleichberechtigt, was eine komplexe Koordination und Kooperation auch bezüglich strategischer Entscheidungen ermöglicht (Meier, 1997). Somit vereint die transnationale Strategie die Vorteile der internationalen, globalen und multinationalen Strategien in sich, wodurch Unternehmen von vielen Produktionsstandorten, reichlich global-erworbenem Wissen und einer hohen Anpassungsfähigkeit an lokale Gegebenheiten profitieren. Durch die gleichzeitige Kostenreduktion sind diese Unternehmen folglich äußerst wettbewerbsfähig.

Dabei besteht jedoch das Risiko, an der daraus entstehenden Komplexität und den hohen Anforderungen an das Management zu scheitern. Erschwerend kommt der beträchtliche Aufwand hinzu, für die jeweiligen Standorte passende und dennoch einheitliche Strategien zu entwickeln. Des Weiteren ist ein vergleichsweise hoher Einsatz von Kapital notwendig, um den rechtlichen und regulatorischen Bedingungen im Ausland gerecht zu werden. Zudem müssen viele neue Mitarbeiter eingestellt werden sowie Büro-, Forschungs- und Produktionsräume gekauft oder angemietet werden. Aufgrund dessen gestaltet sich die praktische Umsetzung der transnationalen Strategie äußerst schwer, da stets auf eine Balance zwischen Koordination und Konfiguration geachtet werden muss.

1.2. Internationalisierung eines Beispielunternehmens

1.2.1. Das Unternehmen Montagna Cycle

Das Unternehmen Montagna Cylce entwickelt, produziert und vertreibt innovative, qualitativ hochwertige Mountainbikes und wurde in Utting am Ammersee gegründet. Der momentane Standort des Unternehmens liegt in Deutschland. Montagna Cycle gilt deutschlandweit als innovativer Bike Hersteller mit erstklassigen Produkten in Premium-Qualität und einem sehr guten Preis-/Leistungsverhältnis. Es kann also von einem starken Markennamen mit hohem Widererkennungswert sowie einer hohen Schöpferkraft im Heimatmarkt ausgegangen werden. Als Hauptzielgruppe werden junge und preisbewusste Biker definiert, welche unter dem Motto „von Bikern für Biker" angeworben werden. Entwicklung, Produktion und Vertrieb erfolgen stationär in Utting. Zusätzlich werden Bikes auch online über einen eigenen Webshop veräußert. Es ist nicht bekannt, ob die Produktpalette erweitert werden soll, somit wird davon ausgegangen, dass der Fokus weiterhin ausschließlich auf dem Vertrieb der Bikes liegt. Das Unternehmen brauchte circa 5 Jahre, um sich am Markt zu etablieren, wobei die Umsatz- und Gewinnentwicklung innerhalb der letzten Jahre als nachhaltig stabil anzusehen ist. Nächstes Ziel soll nun die Ausweitung der Geschäftsaktivitäten auf Auslandsmärkte sein. Für dieses Vorgehen wird eine für das Unternehmen passende Internationalisierungsstrategie benötigt.

1.2.2. Handlungsempfehlung

Für eine abschließende Handlungsempfehlung für Montagna Cycle müssen die Ausführungen der vorigen Kapitel bzgl. der verschiedenen Strategien zur Internationalisierung betrachtet werden. Zudem muss festgelegt werden, auf welcher Basis und mit welcher Zielsetzung die Internationalisierung für das Unternehmen erfolgen soll und welche organisationalen Charakteristika und Einstellungen von Montagna Cycle bestehen bleiben bzw. geschützt werden sollen, sobald es zur Erweiterung des Unternehmens kommt (Kutschker & Schmid, 2011).

Wird das Produkt von Montagna Cycle betrachtet, kommt die Frage auf, ob die Bikes, die aktuell auf dem deutschen Markt und für junge, preisbewusste Biker vertrieben werden, auch in einem ausländischen Markt den Bedürfnissen und Vorlieben der Kundschaft genügen würden und somit ein standardisiertes Produkt darstellen, das effizient und kostengünstig weltweit vertrieben werden kann. Besonders bei Bikes wäre es denkbar, dass eine starke Vereinheitlichung des Angebotes in den lokalen Märkten des Auslands nicht auf Ablehnung stößt. Werden unterschiedliche Werte, Kultur, Religion oder rechtliche Vorgaben betrachtet, sollten nur geringfügige Änderungen notwendig sein, z.B. Zubehör wie Reflektoren oder Helme zur sichereren Fortbewegung im Straßenverkehr. Diese nötigen Änderungen können somit als minimal eingestuft werden, da bei der Zielgruppe der jungen Fahrradfahrenden durchaus hohe überregionale Gemeinsamkeiten angenommen werden können. Je nach Standort kann auch davon ausgegangen werden, dass in weniger bergigen Regionen weniger Mountainbikes und mehr City- oder Trekkingbikes verkauft werden. Da sich Montagna Cycle bereits erfolgreich in Deutschland etabliert hat und es dort ebenso bergige Regionen im Süden sowie flache Landschaften im Norden gibt, sollte dies ebenfalls kein Problem für das Unternehmen darstellen. Demnach handelt es sich hierbei bereits um ein ausreichend standardisiertes Produkt, weshalb es keine weitere Koordination auf dem Weltmarkt benötigt und globale sowie transnationale Strategie entfallen. Außerdem lässt sich daraus schlussfolgern, dass keine starken Anpassungen an lokale Bedürfnisse für das Produkt notwendig sind, weshalb die multinationale Strategie für Montagna Cycle ebenfalls nicht in Frage kommt (Bartlett & Ghoshal, 1989). Im Folgenden wird somit dargestellt, wie genau die Exportstrategie der Internationalisierung auf das Unternehmen Montagna Cycle angepasst werden kann.

Aufgrund der geringen Notwendigkeit zur Anpassung an lokale Bedürfnisse können die in Deutschland bereits erprobten Werbe- und Vertriebskonzepte nahezu identisch auf internationale Märkte übertragen werden. Somit entfallen lange Marktforschungszeiträume oder hohe Adaptationskosten. Die Vermarktung der Bikes kann mit Anpassung der Kampagne an die jeweilige landestypische Sprache weitestgehend unverändert in den Zielmärkten dargeboten werden. Eine Bedarfsanalyse bezüglich der Motivationen, Erwartungen und Präferenzen der angestrebten Kundschaft im jeweiligen Zielmarkt sollte dennoch vor der Internationalisierung durchgeführt werden. Dies soll Montagna Cycle vor Fehlinvestitionen in den Auslandsmärkten schützen. Als weitere Vermarktungsplattform sollte der bereits bestehende Webshop erhalten werden. Die Bearbeitung des Webshops sollte weiterhin durch Mitarbeitende in Deutschland stattfinden, um Personalkosten einzusparen. Er sollte nur bezüglich der Sprache des jeweiligen ausländischen Marktes angepasst werden. Um sich jedoch mit potentieller Kundschaft und dem Kollegium im Ausland bezüglich der Online-Inhalte austauschen zu können, sollten die deutschen Beschäftigten wenigstens gute Englischkenntnisse besitzen. Außerdem darf die Kundschaft bei dem Slogan „von Bikern für Biker" davon ausgehen, dass die Mitarbeitenden selbst junge Biker. Laut Statistischem Bundesamt (2022) darf dabei davon ausgegangen werden, dass insbesondere junge Menschen in Deutschland gute Englischkenntnisse besitzen, was somit von Vorteil wäre.

Im Rahmen der Koordination am Weltmarkt sollte Montagna Cycle die standardisierten Aktivitäten an denjenigen Orten ansiedeln, an denen das Unternehmen das beste Verhältnis von Kosten und Qualität vorfindet. Eine Auslagerung der Produktion an Standorte mit geringeren Produktionskosten würde durchaus die Herstellung von großen Massen begünstigen, somit Skalen- und Kostenvorteile bieten und das Unternehmen zu einer starken preislichen Konkurrenz für andere Bike-Hersteller weltweit machen. Hierbei muss jedoch Acht gegeben werden, dass dabei die Qualität der Produkte nicht schwindet, da dies dem bisher guten Ruf von Montagna Cycle und langfristig auch dem Absatz schaden würde. Da bisher erfolgreich qualitativ hochwertige und dennoch kostengünstige Bikes in Utting produziert wurden, kann jenes auch weiterhin zentral aus Utting gesteuert und durchgeführt werden, sofern die dortigen Standortkapazitäten genügen. Der Wegfall der Suche nach günstigeren Ressourcen und Produktionsunternehmen in ausländischen Märkten bietet letztlich auch Zeit- und Kostenvorteile. Dies bedeutet auch, dass Montagna Cycle die Bikes in den ausländischen Niederlassungen direkt exportiert, wodurch eine direktere Beziehung zwischen den lokalen Standorten und dem Mutterkonzern entsteht und eine schnellere Reaktionsfähigkeit im Falle von eventuellen Anspruchsänderungen der Kundschaft vor Ort, kürzere Lieferzeiten, günstigere Versandkosten und eine effizientere Retouren- abwicklung ermöglicht. Vor Ort geeignetes Personal zu finden, sollte sich außerdem einfach gestalten, da ein Fahrrad als recht einheitliches Produkt nur wenig Erklärung bedarf, wodurch Kosten für Personaleinstellung, -weiterbildung und Produktschulungen sehr gering ausfallen.

2. Implementierung von Internationalisierungsstrategien

2.1. Marktauswahl

Es bieten sich neben den Internationalisierungsstrategien weitere Möglichkeiten, um ausländische Märkte zu erschließen. Mit der Internationalisierung wollen die Unter- nehmen neues und somit größtenteils unbekanntes Terrain betreten, was von den Führungskräften ein Umdenken und Erlernen neuer Geschäftsmethoden verlangt. (Guillén, 2003). Nach Auswahl einer geeigneten Internationalisierungsstrategie muss entschieden werden, auf welchen Märkten das Unternehmen tätig werden möchte. Unterschiedliche Märkte bzw. Länder bieten verschiedene Möglichkeiten sowie Hürden. Der PESTEL-Ansatz liefert Kriterien, welche den Erfolg des Markteintritts beeinflussen können. Anhand derer können Szenarien erstellt werden, in denen dargestellt wird, wie sich eine bestimmte Markteintrittsstrategie in Abhängigkeit des angenommenen Unternehmensumfelds auswirkt (Johnson, Scholes & Whittington, 2008). Dieser Ansatz setzt sich zusammen aus: politischen, ökonomischen, technologischen, sozialen und rechtlichen Kriterien. Mithilfe dieser Faktoren kann eine Analyse über das Potenzial des entsprechenden Marktes erfolgen und geschlussfolgert werden, welche Risiken einen Markteintritt erschweren könnten. Solche Risiken können bspw. in Form von Regulation der Zielmärkte durch die Politik, eine hohe Inflationsrate, Wechselkursinstabilität, Enteignungsrisiken, kultureller Besonderheiten, Korruption oder Fehlen relevanter Technologien auftreten (Dehnen, 2012). Wobei hier auch für den Markteintrittserfolg entscheidend ist, inwiefern das Unternehmen die Fähigkeit besitzt, mit diesen kulturellen bzw. administrativen Unterschieden in den Auslandsmärkten umzugehen (Dehnen, 2012). Als Ergänzung kann das CAGE-Prinzip angewendet werden, welches kulturelle, administrative, geografische und wirtschaftspolitische Unterschiede zwischen dem Heimatmarkt und dem jeweiligen Zielmarkt aufzeigt, welche bei Markteintritt die Kosten und den Absatz im neuen Land beeinflussen würden (Johnson, Scholes & Whittington,

2008). Hat sich ein Unternehmen letztlich für den ersten Zielmarkt entschieden, kann eine Markteintrittsstrategie gewählt werden.

2.2. Markteintrittsstrategie

2.2.1. Auswahl der Markteintrittsstrategie

Die Wahl der Markteintrittsform richtet sich zumeist nach der Entwicklungsphase, in der sich das Unternehmen befindet. Internationalisierung kann daher als ein sequentieller Prozess betrachtet werden, bei dem ein Unternehmen sein Engagement auf neu erschlossenen Märkten schrittweise verstärkt, Wissen aufbaut und seine Fähigkeiten erweitert. Diese Strategie der stufenweisen internationalen Expansion bedeutet, dass das Unternehmen sich erst einmal auf eine Einstiegsform konzentriert, bei der die Leistungserstellung im Heimatmarkt stattfindet. Ein Beispiel dafür ist der Export, der es ermöglicht, über den Auslandsmarkt zu lernen und gleichzeitig das Risiko für Vermögenswerte minimiert (Macharzina & Wolf, 2021). Sobald das Unternehmen über ausreichend Wissen und Selbstvertrauen verfügt sowie höhere Absatzvolumina im Ausland generieren konnte, kann es durch die Leistungserstellung im Ausland sein Engagement schrittweise erhöhen. Der geringste Einsatz von Kapital und Managementleistungen im Auslandsmarkt beginnt durch Lizenzvergabe und steigert sich dann schrittweise über Franchising, Bildung von Joint Venture und schließlich maximal durch direkte Auslandsinvestitionen (Welge, Al-Laham & Eulerich, 2017).

2.2.2. Direkter & indirekter Export

Unter Export wird der Absatz von Gütern im Ausland verstanden, wobei die Leistungserstellung im Heimatland erfolgt. Exporte werden von Unternehmen mit geringer Auslandserfahrung bevorzugt, da diese Strategie kaum Kapital- oder Personaltransfer benötigt (Berndt, Altobelli, & Sander, 2020). Der Export kann indirekt und direkt erfolgen (Backhaus, Büschken & Voeth, 2003).

Beim indirekten Export werden die im Heimatmarkt erstellten Leistungen über einen Exportierenden im Zielmarkt vertrieben. Dieser übernimmt die Verantwortung für die Lieferung und den Verkauf der Produkte und somit auch das Risiko, falls die Produkte keinen Absatz finden. Dies wird als die einfachste und risikoärmste Form der Markteintrittsstrategien angesehen. Vorteil hierbei ist, dass das Unternehmen dabei nicht selbst auf dem Auslandsmarkt aktiv werden muss. Zudem kann das Unternehmen ohne selbst ein großes Vertriebsnetz aufbauen zu müssen, durch erfahrene Exporteure u.o. Exporteurinnen mit guten Länderkenntnissen profitieren und ihre Produkte in verschiedenen Zielmärkten streuen. Diese Strategie birgt jedoch auch einige Nachteile. Exportierende Unternehmen verlangen oft hohe Preisnachlässe, um ihr eigenes finanzielles Risiko zu minimieren (Meffert, Burmann & Becker, 2010). Außerdem verliert das Unternehmen durch den indirekten Export seine Kontrolle über die Qualität und die Art des Vertriebswegs.

Beim direkten Export ist das produzierende Unternehmen selbst auf dem ausländischen Markt aktiv und vertreibt seine Produkte dabei über eigene Vertriebsorgane oder Intermediäre des ausländischen Marktes. Demzufolge entsteht eine direkte Beziehung zwischen dem Unternehmen und der im Ausland ansässigen Kundschaft bzw. den geschäftlichen Kontakten (Meffert, Burmann & Becker, 2010). Dadurch kann schneller auf Veränderungen im Markt reagiert und sich länder-spezifisches Wissen angeeignet werden. Außerdem behält das Unternehmen somit mehr Kontrolle und Steuerbarkeit über seine Auslandsaktivitäten und sein Image. Nachteil hierbei ist ein recht hoher Investitionsbedarf, weil für den Aufbau eigener Vertriebsstätten im Ausland bestimmte Kompetenzen und Ressourcen benötigt werden. Des Weiteren trägt das Unternehmen selbst auch ein höheres Risiko, wenn es zu Absatzproblemen kommt, als bei indirektem Export.

Johnson, Scholes und Whittington (2008) ergänzen zudem, dass Export dahingehend Vorteile birgt, da Skaleneffekte besonders gut ausgenutzt werden können und bereits kleine, unerfahrene Unternehmen allein durch die Nutzung des Internets Export betreiben und im Weltmarkt Fuß fassen können. Als Nachteile werden jedoch zu den vorher genannten Punkten zusätzlich Einfuhrzölle als Handelshemmnisse genannt (Johnson, Scholes & Whittington, 2008).

2.2.3. Lizenzen & Franchising

Bei einem lizenzbasierten Geschäftsmodell erfolgt die Leistungserstellung im Ausland. Lizenzen werden an unabhängige ausländische Unternehmen vergeben, welche gegen Zahlung einer Lizenzgebühr das Nutzungsrecht an einem Gut oder einer Dienstleistung erhalten und diese dann im Ausland erstellen und verbreiten dürfen (Osterwalder & Pigneur, 2011). Diese Vorgehensweise wird beispielsweise bei geschützten Marken, Labels, Patenten, Software oder Senderechten bzgl. Sportveran-staltungen und Filmen genutzt. Ein großer Vorteil besteht hierbei, dass Lizenzgeber mit sehr geringem Aufwand Ertrag erzielen können, da sie selbst weder produzieren, noch an die Endkundschaft vermarkten müssen. Somit ist das Fixkostenrisiko minimal (Macharzina & Wolf, 2021). Negativ fallen bei dieser Strategie jedoch folgende Punkte auf: Schwierigkeiten, geeignete Mitwirkende zu finden und sich auf Vertrags-bedingungen zu einigen; möglicher Verlust von Wettbewerbsvorteilen, wenn es zu Nachahmung kommt und eingeschränkte Nutzung von Standortvorteilen des Gastlandes (Osterwalder & Pigneur, 2011).

Beim Franchising werden die Leistungen des Unternehmens gegen eine Franchisegebühr durch den jeweiligen Franchisenehmenden im Ausland erstellt und vertrieben. Vor- und Nachteile ähneln stark der linzenzbasierten Markteintrittsstrategie, wobei hier das franchisegebende Unternehmen je nach Vertragsbedingungen zusätzlich einen gewissen Einfluss auf Marketing, Logistik, Produktionsprozesse sowie Produktionstechnologien nehmen könnte. Der Franchisenehmende kann somit ein funktionierendes Geschäftsmodell, das bereits vom Franchisegebenden erfolgreich und langfristig getestet und optimiert wurde, übernehmen sowie das positive Image des Franchisegebenden (Bellone & Matla, 2013).

2.2.4. Joint Ventures & Direktinvestitionen

Joint Ventures und Direktinvestitionen eignen sich dagegen als Markteintritts-strategie, wenn es bei der jeweiligen Partnerschaft bzw. der Rechtssicherheit von vertraglichen Beziehungen an Vertrauen mangelt und somit Export, Lizensierung oder Franchising nicht infrage kommen. Hierfür muss das Unternehmen aber selbst über ausreichende Kompetenzen verfügen, um im Zielmarkt erfolgreich agieren zu können.

Ein Joint Venture ist eine Kooperation von zwei oder mehreren rechtlich und wirtschaftlich voneinander unabhängigen Unternehmen unter einer einheitlichen Leitung und gemeinschaftlicher Kapitalbeteiligung (Welge, Al-Laham & Eulerich, 2017). Üblicherweise kommt es durch die Gründung eines Joint Venture zwischen den jeweiligen Parteien zu gemeinsamem Eigentum, welches aus Sacheinlagen sowie Geldeinlagen oder immateriellen Werten bestehen kann, wodurch alle Partnerschaften am Gewinn und Verlust, der aus dem Joint Venture entsteht, beteiligt sind (Sure, 2017). Joint Ventures werden zumeist mit Partnerunternehmen aus dem Auslandsmarkt gegründet, wenn das Unternehmen eigenverantwortlich nicht über die für einen alleinigen Markteintritt notwendigen Fähigkeiten und Ressourcen verfügt, ungünstige Entwicklungen des Auslandsmarkts Gewinne und Investitionen gefährden könnten und rechtliche Beschränkungen im Zielmarkt gegen die Gründung einer Tochtergesellschaft sprechen (Kutschker & Schmid, 2011). Anhand verschiedener Kriterien lassen sich zwei Formen von Joint Ventures voneinander abgrenzen. Hierbei sind die Zahl der Kooperationspartnerschaften, der Kooperationsbereich, Unterschiede bei der Kapitalverteilung und der Standort bzw. der geografische Kooperationsbereich entscheidend (Sure, 2017). Joint Ventures lassen sich somit in Equity und Contractual Joint Ventures unterscheiden (Mellewigt, 2003). Bei einem Equity Joint Venture teilen die Geschäftsparteien sowohl das finanzielle Risiko als auch die Führungsverantwortung untereinander auf, wodurch es zu einer Ungleichverteilung der Entscheidungsbefugnisse je nach Kapitalbeteiligung der Geschäftspartei kommen kann (Berndt, Altobelli & Sander, 2020). Bei einem Contractual Joint Venture wird lediglich ein Kooperationsvertrag geschlossen, welcher Kosten-, Risiko- sowie die Gewinnverteilung zwischen den Vertragsparteien projektbezogen regelt (Kutschker & Schmid, 2011). Vorteile von Joint Ventures liegen in der Verteilung des Investment-Risikos auf die Parteien sowie in der Bündelung sich ergänzender Ressourcen und Fähigkeiten und somit geringerem Kapitalbedarf (Johnson, Scholes & Whittington, 2008). Hierbei kann es zu einem Synergie-Effekt kommen, wodurch ein schnellerer und sicherer Markteintritt mit geringerem Risiko einen großen Wettbewerbsvorteil bringen kann (Neumair, Schlesinger & Haas, 2012). Außerdem können Marktkenntnisse der Parteien genutzt sowie mögliche Importrestriktionen umgangen werden (Berndt, Altobelli & Sander, 2020). Die Schwierigkeiten und Hürden eines Joint Ventures liegen jedoch insbesondere darin, ein geeignetes Partnerunternehmen zu finden, angemessene Vertragsbedingungen zu vereinbaren, diese komplexe Beziehung langfristig zu verwalten sowie Streitigkeiten und Interessenskonflikte zu bereinigen (Johnson, Scholes & Whittington, 2008). Dadurch kann es zu einer Verlangsamung von Entscheidungs- und Reaktionsprozessen kommen. Des Weiteren können vorige Wettbewerbsvorteile verloren gehen, wenn nach Vertragsablauf des Joint Ventures, das ehemalige Partnerunternehmen zu einem Konkurrenten mit Wissen über Betriebsgeheimnisse wird oder Mitarbeitende zu diesem überwechseln (Neumair, Schlesinger & Haas, 2012; Kutschker & Schmid, 2011).

Bei Direktinvestitionen handelt das Unternehmen direkt und selbstständig im Zielmarkt, indem die Leistungserstellung u. o. der Vertrieb aufgebaut werden (Johnson, Scholes & Whittington, 2008). Dies kann eine Gründung und Erweiterung ausländischer Tochtergesellschaften bedeuten, den Aufbau neuer Produktionsanlagen oder Geschäftsräume sowie ein vollständiges oder anteiliges Erwerben bereits bestehender ausländischer Unternehmen (International Monetary Fund, 1993). Von Vorteil ist hier die volle Kontrolle über die Ressourcen und Fähigkeiten, eine leichtere Integration und Koordination von Geschäftsaktivitäten über die nationalen Grenzen hinweg, ein schneller Markteintritt bei Geschäftsübernahmen sowie mögliche finanzielle

Unterstützungen durch Regierungsprojekte (Johnson, Scholes & Whittington, 2008).

Nachteilig können sich jedoch das hohe finanzielle Risikopotential, aufgrund der umfangreichen Investitionen im Zielmarkt, Probleme bei der Akquisition, hoher Zeitaufwand und schwer vorhersehbare Kosten bei Greenfield-Investments auswirken (Johnson, Scholes & Whittington, 2008).

2.3. Handlungsempfehlung für Montagna Cycle

Da Montagna Cycle ein bisher lediglich innerhalb Deutschland agierendes Unternehmen ist, welches keinerlei Erfahrung oder Wissen über ausländische Märkte verfügt, sollte eine Markteintrittsform gewählt werden, bei der die Leistungserstellung im Heimatmarkt stattfindet, die es ermöglicht, über den Auslandsmarkt zu lernen und gleichzeitig kaum Kapital- oder Personaltransfer benötig. Als sicherer Anfang bietet sich somit der direkte Export an.

Fahrräder sind globale Produkte, welche keiner weiteren Anpassung an den Zielmarkt bedürfen und länderübergreifend gut transportierbar sind. Montagna Cycle ist nicht auf die Zusammenarbeit mit lokalen Partnerunternehmen angewiesen, da sich die benötigten Fähigkeiten und Kenntnisse, um ein Fahrrad zu vermarkten und zu verkaufen, sowie mögliche Kundenwünsche zwischen Heimatmarkt und Zielmarkt nicht sonderlich unterscheiden. Im Gegensatz zum indirekten werden beim direkten Export keine Verträge mit Zwischenhändlern und -händlerinnen oder anderen Unternehmen eingegangen, weshalb im Falle eines Versagens von Montagna Cycle ein Marktausstieg und der Rückzug in den Heimatmarkt jederzeit möglich ist. Zudem kann somit über Art und Weise des Vertriebs weiterhin selbst bestimmt und Gewinne voll ausgeschöpft werden. Da der bisherige Qualitätsstandard sehr gut war, sollte die Leistungserstellung weiterhin im Heimatland erfolgen. Dadurch können Materialien u.a. weiterhin von den üblichen deutschen Partnerunternehmen bezogen werden, ohne neue eventuell schlechtere oder unsicherere Verträge im Auslandsmarkt abschließen zu müssen. Außerdem ermöglicht der direkte Exportweg Nähe und direkten Kontakt zur Kundschaft sowie zu Geschäftspartnern und -partnerinnen und somit ermöglicht dieser Weg schnell auf Veränderungen im Zielmarkt reagieren zu können. Durch solch hohe Präsenz kann der Markenname, die Kundenbindung und somit die Loyalität zu Montagna Cycle gestärkt werden. Zu Beginn kann insbesondere der eigene Webshop ausgebaut werden, um auch ohne Niederlassungen vor Ort Fahrräder über das Internet in die Zielmärkte zu bringen und so zusätzlich Kosten zu sparen.

Bedacht werden muss, dass der Export als Markteintrittsstrategie anfangs zwar Vorteile bringt, langfristig jedoch neu evaluiert werden sollte, um weiterhin Wachstum und Umsatzsteigerung für Montagna Cycle zu verzeichnen. Denn durch den Export fehlen örtlich-direkte Kundenbeziehungen, bspw. um ein Fahrrad zu testen oder reparieren zu lassen. Außerdem könnte die Reaktionszeit nochmals gesteigert werden, wenn Niederlassungen im Zielmarkt vorhanden wären. Durch die Anwesenheit vor Ort könnte es überdies zu einer besseren Akzeptanz des Produktes durch die Kundschaft kommen, da Montagna Cycle somit präsenter wäre. Sobald ausreichend Erfahrungen bzgl. eines Zielmarkts gesammelt wurden, könnten eigene Geschäfte dort in Erwägung gezogen werden.

Literaturverzeichnis

Backhaus, K., Büschken, J. & Voeth, M. (2003). *Internationales Marketing*. (5. Auflage). Stuttgart: Schäffer-Poeschel.

Bartlett, C. A. & Ghoshal, S. (1989). *Managing Across Borders: The Transnational Solution*. Boston: Harvard Business School Press.

Bellone, V. & Matla, T. (2013). *Praxisbuch Franchising Konzeptaufbau und Markenführung*. (3. Aufl.). München: mi-Wirtschaftsbuch.

Berndt, R., Altobelli, C.F., Sander, M. (2020). *Internationales Marketingmanagement* (6. Auflage). Berlin: Springer. https://doi.org/10.1007/978-3-662-60861-6

Chandler, A. D. (1962). Strategy and Structure: Chapters in the History of the Industrial Enterprise. *Business History Review, 36*(3), 373-375. Cambridge: The M.I.T. Press. https://doi.org/10.2307/3111403

Dehnen, H. S. (2012). *Markteintritt in Emerging Market Economies*. Wiesbaden: Springer. https://doi.org/10.1007/978-3-8349-4218-0

Dunning, J. H., Lundan, S. M., & Macharzina, K. (2009). Multinational enterprises and the global economy. *Review of Multinational enterprises and the global economy. Management International Review, 49*(5), 685–685. https://doi.org/10.1007/s11575-009-0013-8

Guillén, M. (2003). Experience, imitation, and the sequence of foreign entry: wholly owned and joint-venture manufacturing by South Korean firms and business groups in China, 1987–1995. *Journal of International Business Studies, 34*(2), 185–198. https://doi.org/10.1057/palgrave.jibs.8400016

Harzing, A. K. (1999). *Managing the multinationals. An international study of control mechanisms*. Cheltenham: Edward Elgar Publishing.

Hirsch-Kreinsen, H. (1997). *Organisation und Mitarbeiter im TQM*. Berlin: Springer. https://doi.org/10.1007/978-3-642-60397-6

Holtbrügge, D. & Welge, M. K. (2015). *Internationales Management. Theorien, Funktionen, Fallstudien*. (6. Aufl.). Stuttgart: Schäffer-Poeschel Verlag.

International Monetary Fund (1993). *International Monetary Fund Annual Report 1993*. USA: International Monetary Fund. https://doi.org/10.5089/9781451944891.011

Johnson, G., Scholes, K. & Whittington, R. (2008). *Exploring Strategy* (8. Aufl.). Harlow: Pearson Education.

Kutschker, M. & Schmid, S. (2011). *Internationales Management*. München: Oldenbourg Wissenschaftsverlag. https://doi.org/10.1524/9783486719246

Macharzina, K. & Wolf, J. (2021). *Unternehmensführung* (11. Auflage). Berlin: Springer.

Meffert, H., Burmann, C., Becker, C. (2010). *Internationales Marketing-Management.* (4. Auflage). Stuttgart: Kohlhammer.

Meier, A. (1997). *Das Konzept der transnationalen Organisation. Kritische Reflexion eines prominenten Konzeptes für die Führung international tätiger Unternehmen.* (1. Aufl.). München: Verlag Barbara Kirsch.

Mellewigt, T. (2003). *Management von Strategischen Kooperationen.* Wiesbaden: Deutscher Universitätsverlag. https://doi.org/10.1007/978-3-322-82008-2

Neumair, S., Schlesinger, D. & Haas, H. (2012). *Internationale Wirtschaft: Unternehmen und Weltwirtschaftsraum im Globalisierungsprozess.* München: Oldenbourg Wissenschaftsverlag. https://doi.org/10.1524/9783486716023

Osterwalder, A. & Pigneur, Y. (2011). *Business Model Generation. Ein Handbuch für Visionäre, Spielveränderer und Herausforderer,* Frankfurt am Main: Campus Verlag.

Schwarz, S. (2009). *Muster erfolgreicher Internationalisierung von Handelsunternehmen* (1. Aufl.). Wiesbaden: Gabler Verlag. https://doi.org/10.1007/978-3-8349-8187-5

Statistisches Bundesamt. (2022). *Bevölkerung in Deutschland nach Einschätzung der eigenen Englischkenntnissen nach Altersgruppen im Jahr 2022.* Zugriff am 17.02.2023. Verfügbar unter https://de.statista.com/statistik/daten/studie/804875/umfrage/einschaetzung-zu-eigenen-englischkenntnissen-nach-alter/#:~:text=Im%20Jahr%202022%20gab%20es,Englischkenntnisse%20als%20sehr%20gut%20einsch%C3%A4tzten.

Steger, U. & Kummer, C. (2002). Auswirkungen der Globalisierung auf das strategische Management. In U. Krystek & E. Zur (Hrsg.) *Handbuch Internationalisierung.* Berlin: Springer. https://doi.org/10.1007/978-3-642-56410-9_9

Sternad, D., Höfferer, M. & Haber, G. (2020). *Grundlagen Export und Internationalisierung* (2. Aufl.). Wiesbaden: Gabler Verlag. https://doi.org/10.1007/978-3-658-29444-1

Sure, M. (2017). *Internationales Management. Grundlagen, Strategien und Konzepte.* Wiesbaden: Springer Gabler. https://doi.org/10.1007/978-3-658-16163-7

Swoboda, B. (2012). Internationale Expansion von Handelsunternehmen. In J. Zentes, B. Swoboda, D. Morschett & H. Schramm-Klein (Hrsg.) *Handbuch Handel.* Wiesbaden: Springer Gabler. https://doi.org/10.1007/978-3-8349-3847-3_3

Weber, W. & Kabst, R. (2000). Internationalisierung mittelständischer Unternehmen: Organisationsform und Personalmanagement. In: J. Gutmann & R. Kabst (Hrsg.), *Internationalisierung im Mittelstand.* Wiesbaden: Gabler Verlag. https://doi.org/10.1007/978-3-322-90263-4_1

Welge, M. K., Al-Laham, A. & Eulerich, M. (2017). *Strategisches Management. Grundlagen – Prozess – Implementierung.* (7. Aufl.). Wiesbaden: Springer.